AF370160

ORDONNANCE
DU ROI,

Pour régler le service de son Corps-royal de l'Artillerie,
tant dans les Places, qu'aux Écoles de théorie
& de pratique, & aux Armées.

Du 15 Décembre 1772.

DE PAR LE ROI.

SA MAJESTÉ ayant preſcrit, par ſon Ordonnance du 23 août dernier, que ſon Corps-royal de l'Artillerie ſeroit compoſé à l'avenir de ſept régimens, de ſept compagnies de Mineurs & neuf d'Ouvriers: Et voulant régler le ſervice de chaque troupe en général, dans les places, aux Écoles de théorie & de pratique, & en campagne, Elle a ordonné & ordonne ce qui ſuit:

Du Service en général.

ARTICLE PREMIER.

LES ſept régimens du Corps-royal de l'Artillerie, ainſi

A

que les compagnies de Mineurs & d'Ouvriers, conserveront dans l'Infanterie, le même rang qu'avoit précédemment le régiment Royal-artillerie.

2.

CES régimens rouleront entre eux, suivant le grade & l'ancienneté des Colonels qui en seront titulaires.

3.

LORSQUE plusieurs régimens du Corps-royal se trouveront ensemble, le plus ancien Colonel les commandera pour le service commun ; mais la discipline intérieure de chaque régiment demeurera à son Colonel, ou à l'Officier qui devra commander en son absence.

Il en sera de même lorsque plusieurs détachemens des régimens se trouveront réunis dans la même place ou à la même armée, le commandement appartiendra toujours de droit à l'Officier de ces détachemens le plus élevé en grade, ou le plus ancien à grade égal ; mais la discipline intérieure, ainsi que le détail de chaque détachement, sera réservé à son Commandant particulier.

4.

DANS toute occasion de service, l'Officier le plus élevé en grade, ou le plus ancien à grade égal, aura toujours le commandement, de façon que le Directeur général de l'Artillerie aura l'autorité sur tous les Officiers supérieurs du Corps-royal, les Chefs de départemens sur les Commandans d'École ou Colonels, les Commandans d'École ou Colonels sur les Lieutenans-colonels, les Lieutenans-colonels sur les Majors, les Majors sur les Capitaines, & les Capitaines sur les Lieutenans.

5.

LES détachemens, pour les places & aux armées, seront toujours tirés de toutes les compagnies du régiment dont ils seront, de façon que dans chaque détachement il se trouve des

Soldats de toute espèce; savoir, des Canonniers, des Bombardiers & des Sapeurs. A l'égard des compagnies de Mineurs & d'Ouvriers, elles ne fourniront des détachemens que sur des ordres particuliers.

6.

SA MAJESTÉ se réserve aussi de faire détacher, lorsque son service pourra l'exiger, un bataillon entier, une brigade de cinq compagnies, ou même une compagnie entière; & dans ce cas, Elle leur fera expédier des ordres particuliers.

7.

CHAQUE compagnie de Canonniers ou de Bombardiers, marchera dans le bataillon, & même dans la brigade à laquelle elle sera attachée, suivant l'ancienneté de son Capitaine; mais les compagnies de Sapeurs, indépendamment du rang de leurs Capitaines, marcheront toujours à la tête des bataillons dont elles feront partie; celles de Mineurs & d'Ouvriers marcheront toujours à la queue du second bataillon du régiment auquel elles seront attachées.

8.

LES régimens du corps-royal de l'Artillerie, seront sujets à la même police & discipline que tous ceux de l'Infanterie françoise, dans quelqu'endroit qu'ils se trouvent.

Du service dans les Places.

9.

LES régimens du corps-royal de l'Artillerie, soit qu'ils se trouvent seuls dans les places, ou avec d'autres Troupes, y feront le service avec l'Infanterie.

10.

SA MAJESTÉ trouve bon cependant qu'ils ne fournissent que la moitié du nombre de Soldats qui sera demandé aux autres bataillons de la garnison, pour le service de la place.

11.

ELLE entend auſſi que lorſque les Écoles de pratique auront lieu, ce qui ſera au plus tard du 15 Mai au 1.er Octobre, les régimens du Corps-royal qui ſe trouveront avec d'autres régimens d'Infanterie, ne fourniſſent pendant ce temps, en Officiers & Soldats, que les gardes du polygone, des arſenaux & des magaſins d'artillerie, celle de police aux caſernes, ainſi que celle des drapeaux & de la caiſſe du régiment, & celle d'honneur, dûe aux Officiers généraux employés dans les places; défendant expreſſément d'en fournir à d'autre Officier, qu'autant qu'elle lui ſera dûe par ſon grade, conformément à l'Ordonnance du ſervice des places.

12.

SA MAJESTÉ veut bien diſpenſer en tout temps du ſervice des places, les Capitaines en premier des régimens, ainſi que les Sapeurs, Canonniers & Bombardiers de la première claſſe, & les compagnies de Mineurs & d'Ouvriers, à moins que la néceſſité du ſervice n'exige de les y employer, auquel cas ils exécuteront ce qui leur ſera ordonné par les Commandans deſdites places, qui en rendront compte au Secrétaire d'État ayant le département de la guerre.

13.

LES compagnies de Mineurs & d'Ouvriers attachées aux régimens du Corps-royal, fourniront ſimplement à la garde de police, aux caſernes, en proportion de la force deſdites compagnies.

14.

LES Capitaines en ſecond & les Officiers ſubalternes des régimens du Corps-royal, monteront la garde, feront la ronde, & généralement tout le ſervice de l'Infanterie uſité dans les places où leurs régimens ſe trouveront; ils rouleront avec les Officiers des autres régimens de la garniſon, mais ce ſervice n'aura lieu que pendant les mois d'hiver.

15.

5

1 5.

LES Colonels, Lieutenans-colonels & Majors des régimens du Corps-royal, feront en tout temps le fervice des Officiers fupérieurs, conjointement avec ceux des régimens d'Infanterie avec lefquels ils fe trouveront en garnifon. Lefdits Colonels étant chargés particulièrement des détails de la troupe, ainfi que de la tenue & de la difcipline du corps; l'intention de Sa Majefté eft qu'ils ne puiffent s'en abfenter fans congé.

1 6.

LORSQU'IL fera envoyé dans une place un détachement du Corps-royal, l'Officier qui commandera ce détachement, recevra en y arrivant l'ordre de celui qui fera chargé de la direction de l'Artillerie fur tout ce qu'il aura à faire pour le fervice auquel il fera deftiné. Le Directeur, de même que les Officiers de réfidence, s'adreffera au Commandant de la place pour demander les Travailleurs de ce détachement, ou d'autres troupes de la garnifon qui feront néceffaires pour le fervice de l'Artillerie; & la difcipline intérieure du détachement, fera réfervée à l'Officier qui le commandera, lequel en répondra au Chef de la troupe dont il aura été détaché; il fe conformera d'ailleurs aux ordres du Commandant de la place fur tout ce qui concernera la difcipline de la garnifon : ce détachement ne fera aucun autre fervice que celui de l'Artillerie.

1 7.

LES Officiers du Corps-royal, qui feront détachés pour être en réfidence dans les places, fe préfenteront, auffitôt leur arrivée dans lefdites places, à ceux qui y commanderont, pour leur faire part de leurs ordres.

1 8.

ILS informeront de leur arrivée le Secrétaire d'État ayant le département de la guerre, les Chefs ou Directeurs des départemens d'où ils reffortiront, & les Colonels de leur régiment.

B

19.

ILS ne feront dans les places, que le fervice de l'Artillerie, fous les ordres des Directeurs des départemens, auxquels ils rendront compte de tout ce qui y aura rapport, & ne pourront dans aucune circonftance & fous aucun prétexte, y prendre le commandement de la place, à moins qu'ils ne fuffent détachés avec une troupe du Corps-royal.

20.

L'ORDRE fera porté tous les jours dans les places par le Major, ou à fon défaut par l'Aide-major du régiment du Corps-royal, au Commandant de l'Artillerie, quel qu'il foit, & au Colonel, ou à fon défaut au Commandant du régiment; il fera porté par un Sous-aide-major au Lieutenant-colonel, & par des Sergens aux Capitaines. A l'égard des Lieutenans, les Sergens ne leur porteront l'ordre que lorfqu'ils feront commandés pour le fervice; s'il n'y avoit dans la place qu'un détachement du Corps-royal, l'ordre fera porté par un Sergent à celui qui commandera le Corps, & aux autres Officiers, comme il eft dit ci-deffus; & quand il n'y aura ni régiment, ni détachement, un Sergent de la garnifon le portera feulement à l'Officier qui commandera l'Artillerie en chef dans la place.

21.

LORSQUE les Officiers qui feront en réfidence dans les places, devront être relevés, ils ne pourront partir qu'après avoir donné le temps néceffaire aux Officiers deftinés à les remplacer, de fe mettre au fait du local, les avoir inftruits de l'état des magafins, munitions & attirails dont ils avoient été chargés, & leur avoir remis les inventaires, ainfi que les projets de nouvelle conftruction.

22.

ENTEND Sa Majefté que les Chefs de départemens généraux de l'Artillerie, ainfi que les Commandans des Écoles de son Corps-royal, ne puissent s'absenter sans permission ou congé de Sa Majesté, de leur département ou résidence.

Du service dans les Écoles.

23.

SA MAJESTÉ ayant déclaré ses intentions sur la tenue des Écoles du Corps-royal, tant anciennes que nouvelles, par ses Ordonnances, instructions ou réglemens des 23 juin 1720 & 8 avril 1756; Elle enjoint aux Commandans desdites Écoles de tenir la main à ce qu'elles soient exécutées, & de rendre compte au Directeur général du corps, des progrès que feront les Officiers qui sont dans le cas de s'y instruire.

24.

CHACUN de ces Commandans aura toute autorité & commandement sur le régiment du Corps-royal qui tiendra garnison dans la ville où sera établie l'École dont il aura la direction, sans cependant se mêler en aucune façon de la discipline intérieure dudit régiment, non plus que de la tenue, de l'habillement, des réparations, des finances, des recrues & des exercices d'Infanterie, ces parties étant réservées au Commandant du régiment, qui aura attention de faire part à celui de l'École, de la situation & des mutations qui arriveront dans le régiment, pour lui en faire connoître la force, & régler avec lui celle des détachemens qu'il pourra exiger pour les différens services de l'École.

25.

LESDITS Commandans d'École, seront suppléés dans toutes leurs fonctions, par les Colonels des régimens du Corps-royal, qui le seront à leur tour par les Lieutenans-colonels ou autres Officiers du régiment, commandans en leur absence. Et celui qui se trouvera avoir le commandement de l'École, jouira, pendant tout le temps qu'il l'aura, du traitement qui est attaché à ce commandement, par l'article 50 de l'Ordonnance du 23 août dernier, qui traite de la solde

& appointemens du Corps-royal. Il en sera de même de celui qui se trouvera commander le régiment, lequel jouira également du traitement attribué à ce dernier commandement.

26.

SA MAJESTÉ continuera d'entretenir dans chaque École du Corps-royal, un Professeur de Mathématiques, un Aide-professeur ou Répétiteur & un Maître de Dessin. Il y aura en outre un Directeur & un Sous-directeur du parc, choisis dans les Capitaines en premier & en second du régiment, deux Conducteurs de charroi, dont un sera chargé des détails de Garde d'artillerie du parc, & l'autre attaché à la direction de l'artillerie de la place ; les Conducteurs se remplaceront annuellement dans leurs fonctions.

27.

LES Écoles de théorie se tiendront toute l'année, trois fois par semaine ; & les Écoles de pratique pendant le temps qui est prescrit par l'article 11 de la présente Ordonnance ; on opèrera d'ailleurs sur le terrain toutes les fois que le temps le permettra. Les jours de théorie seront décidés par les jours de marché, pendant lesquels le tir du canon pourroit incommoder le concours des habitans.

28.

L'ÉCOLE de pratique aura lieu le plus matin qu'il se pourra, dans les trois jours de la semaine qui lui sont assignés, & dans la belle saison ; on observera de n'y pas employer plus de la moitié des hommes présens au régiment, gardes déduites, ainsi que les Travailleurs de l'arsenal, pour lesquels le Commandant de l'École se concertera avec le Directeur de l'artillerie & le Major du régiment, de façon que chaque Soldat ne puisse être de service que de deux jours l'un.

29.

LE Commandant de l'École, ainsi que le Colonel & le Lieutenant-colonel du régiment, suivront par eux-mêmes, autant qu'ils le pourront, les exercices de pratique ; & le plus

ancien

ancien Capitaine du détachement qui y aura été employé, rendra compte, à la fin de ces exercices, au Commandant de l'École, du progrès & de l'assiduité des Officiers, afin de le mettre en état d'en informer le Directeur général du Corps.

30.

LE détachement pour l'École de pratique, tel qu'il puisse être, sera formé de toutes les compagnies du régiment; mais la distribution s'en fera de façon que chaque Soldat se trouve employé dans son genre, c'est-à-dire les Sapeurs à la sape, les Canonniers aux canons de tout calibre, les Bombardiers aux mortiers, & les Artificiers à l'artifice. Dans tous les cas où toutes ces instructions n'auroient pas lieu, ils serviront indifféremment à toutes celles qui seront mises en pratique, ainsi qu'aux manœuvres.

31.

LA compagnie de Mineurs sera employée préférablement aux instructions qui lui seront propres; le Commandant de l'École aura soin de lui faire fournir pour cela un terrain convenable, ainsi que les bois, outils & munitions qui lui deviendront nécessaires. Entend néanmoins, Sa Majesté, que lorsque les Mineurs ne seront pas occupés du travail qui leur est particulier, ils puissent être employés dans le détachement dont il est fait mention dans l'article précédent, pour participer à l'instruction des différentes manœuvres d'artillerie; son intention étant que tous les Soldats du Corps-royal puissent se suppléer réciproquement, dans leurs différens services.

32.

LE Directeur & le Sous-directeur du parc, pourront alterner entre eux, pour les jours d'exercice de pratique; le Commandant de l'École aura la liberté de leur donner à chacun pour aide un Lieutenant, qui s'instruira en même temps dans ce détail; mais ces Officiers seront changés au moins chaque année, pour qu'il s'en forme un plus grand nombre.

33.

Le Directeur du parc sera chargé, sous l'autorité du Commandant de l'Ecole, de pourvoir le parc de tout ce qui sera nécessaire; il y commandera sous la même autorité, & y fera placer les Gardes & Sentinelles qu'il jugera convenables. Il aura toute autorité sur le Garde du parc & les Conducteurs de charroi, il veillera à ce qu'ils remplissent avec exactitude les fonctions de leur emploi; il veillera pareillement à l'entretien des attirails & des bâtimens destinés à les renfermer, & rendra compte au Commandant de tout ce qui pourra mériter son attention.

34.

Le Sous-directeur du Parc aidera le Directeur dans toutes ses fonctions, & le remplacera au besoin.

35.

Le Conducteur de charroi qui fera les fonctions de Garde, se chargera, au commencement de l'année, de toutes bouches à feu, effets, munitions & attirails d'artillerie, composant l'équipage du parc de l'Ecole, par un inventaire fait en présence du Directeur du parc, lequel sera transcrit sur un registre coté & paraphé par le Commissaire des guerres & du Corps-royal. Ce Garde aura un second registre, qui sera pareillement coté & paraphé, sur lequel il transcrira les remises & consommations d'effets & de munitions qui se feront journellement, & formera tous les trois mois un état de ces remises & consommations. A la fin de l'année, il sera fait une vérification réelle des effets dont il aura été chargé; après quoi il sera procédé à l'installation de son successeur, & à un nouvel inventaire.

36.

Le Garde d'artillerie du parc ne fera aucune livraison des munitions ou effets qui seront à sa charge, sans un ordre du Directeur.

37.

LES inventaires & les états de remises & consommations, seront non-seulement certifiés par le Garde d'artillerie, mais aussi par le Directeur & le Sous-directeur du parc; ils seront ensuite vérifiés par le Commissaire des guerres & du Corps-royal employé dans le département, & visés par le Commandant de l'École. Le Directeur du parc adressera tous les ans une expédition, en forme d'inventaire, au Secrétaire d'État ayant le département de la guerre, & tous les trois mois les états de remises & consommations.

38.

LE Commandant de l'École, auquel le Directeur du parc rendra compte journellement des consommations, des effets à remplacer, des dépenses faites & des dépenses à faire, décidera relativement à l'état des fonds accordés pour l'École, des projets de construction & des réparations qui pourront être proposés, & les états en seront envoyés à la fin de chaque année au Secrétaire d'État ayant le département de la guerre, pour être approuvés, ils seront signés du Directeur du parc & visés par le Commandant.

39.

LE Directeur & le Sous-directeur du parc, veilleront de même aux remises & consommations de l'École de Dessin dont ils auront chargé le Maître; ils en fourniront des états particuliers, & il en sera usé pour les dépenses à faire, comme il est dit à l'article précédent, pour celles du parc; en observant de ne pas excéder, tant pour les unes que pour les autres, les fonds qui leur seront affectés.

40.

LES trois jours de la semaine qui ne seront pas employés à l'École de pratique, le Professeur ouvrira tous les matins à neuf heures la salle de Mathématiques qui se tiendra pendant trois heures.

41.

Les trois heures de cette salle, seront employées par le Professeur à expliquer l'Arithmétique, la Géométrie, ou telle autre partie du Cours en usage, suivant ce qui sera décidé par le Commandant, relativement à la capacité des Officiers qui y assisteront.

42.

Les Lieutenans en premier & en second, seront obligés de s'y trouver à l'heure indiquée, & d'y suivre chacun dans la classe où il se trouvera placé, les instructions qui seront données par le Professeur, ainsi que les règlemens qui auront été arrêtés par le Commandant, lequel en rendra compte au Directeur général du corps. Si cependant quelqu'un de ces Officiers étoit reconnu pour avoir des connoissances supérieures à celles que l'on peut acquérir à la salle, il pourra être dispensé de s'y trouver.

43.

Les Lieutenans en premier & en second, les Surnuméraires ou Aspirans destinés pour le Corps-royal qui seront à la suite de chaque École, quelque ancienneté qu'ils aient dans le corps, ne monteront aux emplois vacans que relativement à leur capacité, à laquelle seule on aura égard dans les nominations, & ils ne jouiront d'aucun semestre ni congé, qu'en conséquence de leur application & des progrès qu'ils auront faits aux Écoles. Le Directeur général décidera, après l'examen qu'il aura fait lui-même ou qui lui aura été adressé, de ceux pour qui on pourra en demander & pour quel temps.

44.

Chaque jour que l'on tiendra la salle de Mathématiques, un Capitaine en premier y présidera sous l'autorité du Commandant de l'École, auquel il en rendra compte. L'Officier-major de semaine s'y trouvera aussi pour rendre compte des Officiers de service & de ceux qui l'auront fait prévenir des

raisons

raisons légitimes qu'ils auront pour s'en dispenser. Il remettra au Capitaine, l'état de ceux qui y auront manqué par pure négligence. Le Capitaine portera ledit état au Commandant de l'École, qui les fera mettre aux arrêts ou en prison, suivant les circonstances. Les Majors des régimens étant chargés de veiller à l'application des sujets des régimens, sous l'autorité des Commandans des Écoles, auront aussi inspection sur ce qui se passera dans la salle lorsque leurs occupations leur permettront de s'y trouver ; ils seront aussi présens aux examens que feront les Commandans des Écoles.

45.

Le Capitaine qui aura présidé à l'École de théorie du matin, présidera de même l'après-midi à celle du dessin ; il veillera à ce que tout s'y passe avec la décence & l'application convenables ; il informera le Commandant de l'Ecole, de l'assiduité & du progrès de ces Officiers, ainsi que des observations qu'il aura pu faire pendant la tenue de cette École.

46.

Le Commandant de l'École indiquera aussi quelques jours, pendant la belle saison, pour aller opérer sur le terrain, & faire avec le Professeur, ou l'Aide-professeur, des applications de théorie à la pratique ; les Officiers qui assisteront à ces opérations, seront formés en brigade, de façon que le nombre n'en soit pas trop considérable & qu'ils ne puissent se distraire les uns les autres dans ce travail.

47.

Il pourra aussi indiquer, quand il le jugera à propos, une heure prise dans un jour de la semaine pour assembler les Capitaines à la salle de Mathématiques, & y établir une conférence sur des matières qui auront été proposées par un de ces Capitaines, ou quelques mémoires relatifs à l'Artillerie, dont la lecture y sera faite, & sur lesquels on pourra recueillir les différens sentimens ; les Officiers de leur côté qui auront fait ces mémoires & qui ne voudront pas les soumettre à cette affemblée, pourront les remettre au Commandant de l'École qui les fera parvenir au Directeur général pour les apprécier fuivant leur jufte valeur, & en rendre compte au Secrétaire d'État ayant le département de la guerre.

48.

LE Commandant de l'École & le Profeffeur, examineront tous les fix mois les Lieutenans du régiment, les Surnuméraires ou les Afpirans attachés à chaque École, fur les parties de Mathématiques qui leur auront été enfeignées à la falle ; & le Directeur général du Corps en fera auffi un examen, lors de fa revue d'infpection, dont il rendra compte au Secrétaire d'État ayant le département de la guerre.

49.

TOUS les Officiers des régimens, & fur-tout les Capitaines, auront foin de prendre dans les arfenaux de conftruction, le plus de connoiffance qu'ils pourront de tous les travaux qui s'y exécutent, & s'attacheront à connoître parfaitement les dimenfions des pièces & de tous les attirails, le calibre ordonné pour chaque efpèce de fer coulé, le poids des principales munitions d'artillerie, & enfin le prix commun des bois, fers & autres matériaux, dans les différentes provinces où les régimens fe trouveront en garnifon.

50.

L'INTENTION de Sa Majefté eft que l'on fuive fcrupuleufement, dans toutes les Écoles, l'exercice qui fera réglé pour le canon de fiége, de place & de campagne, ainfi que pour toutes les autres bouches à feu.

Ces exercices feront commandés par les Officiers-majors des régimens qui y feront employés; permet cependant Sa Majefté au Commandant de l'École, & même à celui qui y préfidera le jour de l'inftruction, de les faire commander par un Capitaine ou un Lieutenant du détachement, afin que tous les Officiers puiffent s'y entendre, & même reprendre fes Canonniers & Bombardiers qui n'exécuteroient pas ponctuellement la manœuvre commandée.

51.

TOUTES les manœuvres de Mécanique fe feront auffi les jours d'École de pratique, tous les Officiers y affifteront à leur tour pour pouvoir les entendre & les faire exécuter au befoin.

Du fervice en Campagne.

52.

LORSQUE Sa Majefté jugera convenable de mettre un équipage d'Artillerie en campagne, il fera envoyé dans la place où il fe formera, un nombre fuffifant d'Officiers du Corps-royal de différens grades, choifis entre ceux qui auront le plus de capacité, lefquels feront aux ordres du Commandant de l'équipage, à qui l'état en fera adreffé par le Secrétaire d'État ayant le département de la guerre; ils aideront à fa formation, en prendront le détail, & y refteront attachés pendant toute la campagne, jufqu'à ce que l'équipage foit licencié.

53.

LES Employés à la fuite dudit équipage, tels que Gardes-d'artillerie, Conducteurs de charrois, Artificiers, Ouvriers d'état, & tous autres qui pourront y devenir néceffaires, feront compris dans cet état; les appointemens & traitemens defdits Officiers & Employés y feront défignés pour chacun, fuivant fa qualité : il en fera auffi adreffé un à l'Intendant de l'armée & au Tréforier de l'Artillerie, pour les faire payer en conféquence.

54.

UN des Officiers fera défigné pour faire les fonctions de Directeur du parc, & le Commandant choifira parmi les Officiers des régimens qui feront à l'armée, ou qui y auront été envoyés des places, tous ceux qui feront jugés néceſſaires pour l'aider dans ſes fonctions : ces Officiers formeront la brigade du parc, qui ſera plus ou moins nombreuſe ſuivant la force de l'équipage; le plus ancien de ces Officiers, qui ſera le Chef de brigade, ſera auſſi les fonctions de Sous-directeur du parc, & ſupléera le Directeur au beſoin.

55.

LE plus ancien Major des régimens du Corps-royal, qui ſeront à l'armée, ſera de droit Major de l'équipage, il remplira les fonctions qui ſeront détaillées ci-après; il reſtera attaché pendant toute la campagne au Commandant de l'équipage, pour prendre & rendre ſes ordres : il jouira du droit de recevoir le Mot & l'Ordre du Maréchal-de-camp de jour.

56.

QUAND l'équipage aura joint l'armée, les Officiers qui y ſeront attachés, feront un ſervice commun entr'eux, à l'exception de ceux de la brigade du parc, qui ne feront que celui de leurs batteries aux ſiéges & aux batailles, ſuivant le grade du premier Capitaine de ladite brigade; obſervant même que le Chef de ladite brigade, ou autre Officier du parc, y ſoit toujours préſent pour les diſtributions des munitions à faire dans chaque circonſtance.

57.

LES Capitaines qui auront été tirés de leur réſidence pour ſervir en campagne, feront le ſervice des régimens avec leſquels ils ſe trouveront, & ſuivant l'ancienneté de leur grade dans leſdits régimens, quoiqu'ils n'y aient point d'emploi.

58.

LORSQUE le Commandant de l'équipage arrangera les Officiers en brigades, il prendra les plus anciens Capitaines des régimens qui ſeront à ſes ordres pour les en établir

Chefs,

Chefs, le nombre des brigades nécessaires décidera de celui des Chefs; & comme tous les Capitaines en premier ne pourront être employés en cette qualité, & qu'il convient cependant qu'ils soient tous admis au service, ils seront répartis dans les brigades, ainsi que les autres Officiers, en commençant par celle de la tête; mais tous les Officiers des régimens devant faire le service de détachement, ou autre, chacun à leur tour, ces Capitaines commanderont la brigade à laquelle ils seront attachés, lorsque le Chef se trouvera employé à quelqu'autre service.

59.

LES brigades seront chacune de six Officiers, dont le premier sera Capitaine en premier, & le nombre en sera réglé suivant celui des pièces d'artillerie qui seront employées.

60.

LES Officiers de la brigade affectée à une division de canons, ou de toutes autres bouches a feu, donneront une attention suivie à l'entretien des pièces dont elle sera composée, jusqu'à ce que ladite division soit rentrée au parc, & eux à leur régiment.

61.

TOUTES les bouches à feu de l'équipage d'artillerie, seront séparées en divisions, suivant leur espèce & leur calibre; & dans toutes les marches, il sera attaché à chacune de ces divisions, une brigade d'Officiers, & un nombre suffisant de Soldats des régimens du Corps-royal, pour les servir en cas de nécessité; ils ne les abandonneront que lorsqu'elles seront rentrées au parc, de façon que, si pendant la marche il arrive une circonstance où il soit nécessaire d'employer une de ces divisions, elle puisse sortir de la colonne toute équipée en Officiers & en Soldats.

62.

LES Soldats du Corps-royal, attachés à ces divisions, le seront aussi particulièrement à la pièce qu'ils doivent servir; ils donneront une attention suivie à tous les attirails qui en dépendent, s'y trouveront tous placés dans un cas de nécessité, & pourront, lorsque cette division rentrera au Parc, rendre compte à un des Officiers de la brigade du parc, des réparations à faire auxdites pièces, afin que cet Officier donne les ordres nécessaires au Chef des ouvriers, pour les faire réparer sur le champ.

63.

TOUTES ces divisions formées, il sera réservé un nombre assez considérable de Soldats, pour former celle du gros parc, & y faire toutes les manœuvres nécessaires pour tous les attirails dont il sera composé ; bien entendu que les pièces que Sa Majesté jugera convenable de faire distribuer à chacun de ses régimens d'infanterie, ne seront pas servies par des Officiers ni par des Soldats du Corps-royal.

64.

ET comme une garde aux drapeaux pourroit devenir à charge, les régimens du Corps-royal, qui devront se rendre à l'armée, déposeront les leurs dans l'arsenal de la place où ils recevront leur ordre, pour les reprendre à leur retour ; les canons en campagne seront leur point d'honneur, & celui de ralliement sera toujours au parc.

65.

LES détachemens des régimens du Corps-royal, seront formés, à l'armée ainsi qu'en garnison, de toutes les compagnies du régiment, qui fournira le détachement, de façon qu'il puisse y avoir des Soldats de toute espèce, & pour toute sorte de service ; mais en cas de siége, ils ne seront employés, ainsi qu'il a été dit pour les Écoles de pratique, que chacun dans son genre ; hors ce cas, ils seront admis à tous les services de l'artillerie.

66.

LES compagnies de Mineurs & d'Ouvriers, ne seront à l'armée que le service de leur état, & lorsqu'elles n'y seront point employées, elles feront les travaux & manœuvres d'artillerie fuivant l'exigence des cas.

67.

LE fecond Major des régimens du Corps-royal qui feront à l'armée, y remplira les fonctions de Major de brigade, & fe concertera avec le Major de l'équipage pour tous les fervices qui feront ordonnés par le Commandant de l'équipage.

68.

IL aura attention que tous les fervices du Corps fe faffent avec uniformité dans tous les régimens, tant pour les tours de gardes que ceux de détachemens & de corvées; l'État-major de chaque régiment aura attention de former pour cela un contrôle de chacun de ces fervices en particulier; & pour que l'un ne puiffe pas nuire à l'autre, celui des détachemens fe fera de préférence à tout autre, & commencera par la tête; celui de garde fera le fecond, & commencera de même par la tête; & celui des corvées fera le dernier, & commencera par la queue; à l'égard de celui des batteries, il fe fera par brigade dans l'ordre où elles auront été rangées.

69.

LES Colonels des régimens du Corps-royal, qui ferviront en campagne, n'auront d'autre fervice à faire que celui de leur grade, en roulant avec les autres Colonels d'infanterie, à moins que par leur ancienneté ils ne fe trouvent commander l'équipage.

70.

LES autres Colonels & Lieutenans-colonels, attachés à l'équipage, de même que les Officiers des régimens qui auront ce rang, feront Directeurs de travail, & feront tour à tour la vifite des batteries, pour rendre compte des progrès au Commandant de l'équipage.

71.

LE Commandant de l'équipage commandera les Officiers

des régimens ou autres qui y seront attachés, selon qu'il le jugera à propos pour les commissions particulières, relatives à sa confiance, & non pour le service de Sa Majesté où ils seront commandés par ancienneté.

72.

LES régimens du Corps-royal & les compagnies de Mineurs & d'Ouvriers, ne feront jamais aucun mouvement que par l'ordre du Général de l'armée ou du Commandant du corps de troupes avec lequel ils serviront ; mais les détachemens qui en feront tirés, marcheront sur les ordres de celui qui commandera l'Artillerie dans ladite armée ou corps de Troupes, dans lesquels ordres il fera fait mention de ceux qu'il aura reçus de l'Officier général commandant.

73.

LE Colonel de chaque régiment, & en son absence, le Lieutenant-colonel, le Major ou le plus ancien Capitaine, le commandera à l'armée, ainsi qu'en garnison, en ce qui regarde uniquement la discipline intérieure du corps, qui comprend les revues, les congés, les appels, l'habillement, l'armement, la subsistance, & tous les détails de l'Infanterie, dont il rendra compte au Commandant de l'équipage lorsqu'il l'exigera.

74.

LE Commandant du régiment devra prévenir celui de l'équipage, du jour & de l'heure qu'il destinera à l'exercice & aux inspections particulières qu'il voudroit faire des Soldats dudit régiment ; & si le Commandant de l'équipage avoit des raisons pour desirer que ces exercices ou inspections fussent remis à un autre temps, le Commandant du régiment sera tenu d'y déférer.

75.

DANS tout autre service que celui de l'intérieur du régiment, les Officiers de l'équipage prendront le commandement entr'eux suivant leur grade & leur ancienneté, de manière

que

que les Colonels soient commandés par les Brigadiers, &
ceux-ci par les Officiers généraux, lesquels Brigadiers ne
pourront cependant prétendre aux honneurs attribués à leur
grade, à moins qu'ils ne commandent l'équipage ou qu'ils
n'aient des lettres de service.

76.

LES Officiers des compagnies de Mineurs & d'Ouvriers,
ne seront point attachés aux brigades, devant être occupés
uniquement à leur service particulier; à l'exception des Capitaines qui auront le grade d'Officier supérieur, & qui en seront
le service à leur rang, si celui de leur compagnie ne devient
pas plus essentiel.

77.

DANS toutes les escortes qui se feront pour les convois
d'artillerie, le commandement, pour la sûreté dudit convoi,
appartiendra de droit à l'Officier le plus élevé en grade, ou à
grade égal à celui du plus ancien régiment de l'armée qui se
trouvera à cette escorte : le plus ancien des Officiers du
Corps-royal, qui seront attachés à ce convoi, le prendra aussi
au rang que le Corps-royal tient dans l'Infanterie, mais il
aura toujours celui des manœuvres de l'artillerie à ordonner
dans ledit convoi.

78.

SA MAJESTÉ, en confirmant son Ordonnance du 18 sep-
tembre 1723, concernant la manière dont il doit être procédé
contre les Soldats, Cavaliers & Dragons, & tous autres particuliers convaincus d'avoir volé des pièces & munitions d'artillerie, veut que les Conseils de guerre qui se tiendront dans
les armées pour le jugement desdits crimes, soient assemblés
chez le Commandant de l'équipage d'artillerie, & composés de
Capitaines du Corps-royal, & que le Major du régiment dudit
Corps qui fera la fonction de Major de brigade, soit chargé
de l'instruction du procès : Pour tout autre délit, il en sera usé
comme il est porté par les Ordonnances de Sa Majesté.

79.

A la fin de la campagne, les Officiers qui formeront la brigade du parc, rentreront dans les arsenaux avec le train d'artillerie, pour y faire faire les radoubs nécessaires & pourvoir aux approvisionnemens pour la campagne suivante; & en cas de licenciement de l'équipage, ils attendront les ordres de Sa Majesté pour retourner à leur première charge.

Fonctions du Major de l'Équipage.

80.

LE Major de l'équipage, dont le choix est désigné à l'article 55, prendra l'état des Officiers détachés, & de tous les Employés à la suite de l'équipage d'artillerie, pour en former un livret, & le remettre au Commissaire des guerres & du Corps-royal, qui sera chargé d'en faire la revue; il s'emploiera à leur procurer le payement de leurs appointemens & le décompte de leur subsistance.

81.

IL tiendra à cet effet des registres de recette & de dépense pour chaque Officier & Employé de l'équipage, ainsi que pour toutes les distributions auxquelles il enverra un des Aides qui lui auront été nommés par le Commandant pour le seconder dans ses fonctions; cet Aide lui en remettra les feuilles dont il formera l'état général de toute la campagne.

82.

IL aura la police sur tous les Employés, tels que Gardes d'artillerie, Conducteurs, Ouvriers d'état, Artificiers, Charretiers, &c. pour les admettre en bonne règle & discipline aux différens travaux où il plaira au Directeur du parc de les employer.

83.

IL recevra du Directeur du parc, un état des pièces & munitions d'artillerie de toute espèce qui seront à l'équipage, avec le nombre & la qualité des voitures, ainsi que celui des chevaux, pour pouvoir en rendre compte en toute occasion au Commandant de l'équipage, assurer la subsistance des chevaux, & répondre à toutes les questions qui pourroient lui être faites à ce sujet par le Général de l'armée.

84.

Il sera logé le plus à portée qu'il sera possible du Commandant de l'équipage, pour pouvoir plus facilement prendre & rendre ses ordres : chacun des régimens du Corps-royal qui seront à l'armée, lui enverra à cet effet tous les matins, un Sergent & un Caporal d'ordonnance, pour faire porter lesdits ordres & les remettre à leur destination.

85.

Il ira au campement, ou il y enverra un de ses Aides pour reconnoître l'emplacement destiné pour le parc, & les secours qui pourront s'y trouver, afin de profiter des maisons & granges pour loger le Directeur du parc, établir des magasins à couvert, former des hangars pour les Ouvriers & pour faire travailler les Artificiers; il s'adressera à l'Officier-major du Corps-royal qui sera au campement pour faire garder lesdits bâtimens par quelques Soldats, afin d'éviter toute discussion avec ceux qui voudroient s'en emparer.

86.

Il accompagnera le Commandant de l'équipage dans toutes ses tournées, pour indiquer ensuite aux Officiers commandés, les points de travail qu'il leur aura destinés.

87.

Il continuera, ainsi qu'il a été dit à l'article 55, de prendre le Mot & l'Ordre chez le Général de l'armée, du Maréchal-de-camp de jour, & portera le Mot au Commandant de l'équipage.

88.

Il se trouvera tous les jours chez le Commandant de

l'équipage, quand le Major de brigade y viendra apporter l'Ordre qu'il aura pris chez le Major général de l'armée, pour y copier les articles qui auront rapport à ses fonctions, & se concerter avec lui pour l'exécution.

89.

PENDANT la durée du siége d'une place, il enverra tous les matins un de ses Aides pour accompagner le Directeur le jour, dans sa visite des batteries ; & tandis que ce Directeur examinera les travaux, cet Aide prendra, des Officiers qui les conduiront, un état de tout ce qui sera nécessaire pour le travail de la nuit suivante, tant en Travailleurs que munitions ou attirails propres à conduire ou réparer les ouvrages.

90.

IL profitera du temps de cette visite pour faire rendre chez lui les Sergens de tous les Travailleurs qui auront été employés le jour & la nuit précédente aux batteries ; il visitera & signera leur billet, & tiendra un registre pour pouvoir en temps & lieu, dresser les états de dépense des batteries ; il observera aussi qu'il ne soit employé de Travailleurs, Canonniers ou Servans aux batteries, que conformément à la demande qu'il en aura faite au Major de brigade du Corps.

91.

PENDANT que le Directeur, au retour de sa visite, ira rendre compte au Commandant de l'équipage, du progrès des travaux de la nuit ; l'Aide, qui l'aura accompagné, ira porter au Major, les états des demandes faites par les Officiers commandans aux travaux & batteries, & il en dressera un sur le champ, pour demander au Major général de l'Infanterie, les Travailleurs nécessaires pour la nuit & la journée suivante, & un autre pour demander au Directeur du parc, les munitions & attirails nécessaires aux travaux.

92.

IL remettra au Major de brigade du Corps, lorsque

celui-ci

celui-ci ira porter l'Ordre au Commandant de l'équipage ; un état des Canonniers nécessaires pour relever les batteries, des Officiers à commander pour ce service, & généralement de tout ce qui aura été ordonné par le Commandant de l'équipage pour la nuit & la journée suivante.

93.

LORSQUE le Major de l'équipage, ne pourra, par des raisons indispensables, se trouver chez le Commandant à l'heure que le Major de brigade du Corps, viendra lui apporter l'Ordre, ce Major de brigade, ou celui qui par de mêmes raisons y seroit envoyé de sa part, recevra d'un des aides de l'équipage, les états susdits, & lui laissera copier dans l'ordre du jour, les articles qui concerneront le service de l'Artillerie, ainsi que les distributions.

94.

QUELQUE temps avant qu'on relève les batteries, le Major de l'équipage ira vérifier au parc si les munitions & attirails qu'il aura demandés, sont préparés ; il fera disposer ceux qui seront portatifs, pour les remettre aux Canonniers & Servans qui iront relever aux batteries, & qui les prendront en partant de leur camp pour s'y rendre.

95.

IL ira ensuite au dépôt de la tranchée, pour y rassembler les Travailleurs de l'Infanterie qui auront été demandés à l'ordre : il les rangera suivant leur destination ; & si on a demandé des saucissons, gabions, piquets, sacs à terre, &c. il leur en fera distribuer par l'ordre du Major de la tranchée, & les tiendra ainsi prêts à marcher, pour les joindre aux détachemens de Canonniers qui iront relever aux batteries.

96.

LA place étant rendue, le Major de l'équipage y entrera avec le Directeur du parc, le Commissaire chargé de la police du Corps royal, & les Officiers qui y auront été destinés par le Commandant de l'équipage, pour reconnoître l'état de la place ; prendre l'inventaire des effets, pièces & munitions d'Artillerie qui s'y trouveront; examiner celles qu'il en faudra retirer pour les réparer, de même que celles qu'il faudra y ajouter, ainsi que les batteries qu'il y aura à faire pour mettre la place en état de défense : ils recevront sur cela les ordres du Commandant de l'équipage, après lui avoir remis l'état de tout ce qu'ils auront trouvé de bien conditionné ou hors de service.

97.

LE Major de l'équipage formera aussi l'état des batteries qui auront été employées au siége, du nombre & de la qualité des bouches à feu, des jours qu'elles auront tiré, des objets qu'elles avoient, & des sommes qui auront été consommées pour le payement des Travailleurs, Canonniers, Ouvriers d'état & autres Employés; il remettra cet état au Commandant de l'équipage, qui en rendra compte au Secrétaire d'État ayant le département de la guerre.

98.

IL n'abandonnera l'équipage qu'après qu'il en aura reçu l'ordre de Sa Majesté.

99.

ENTEND au surplus Sa Majesté que les articles de l'Ordonnance du service des Places, du 1.er mars 1768, qui concernent le Corps-royal de l'Artillerie, aient leur exécution en tout ce qui ne sera pas contraire à la présente.

MANDE & ordonne Sa Majesté aux Gouverneurs & ses Lieutenans généraux, commandant en ses provinces & armées, aux Commandans particuliers de ses villes & places, au Directeur général du Corps-royal de l'Artillerie, aux Chefs de départemens généraux, aux Commandans des Écoles, des équipages & des régimens dudit Corps, aux Commissaires des guerres & du Corps-royal, & à tous autres ses Officiers qu'il appartiendra, de tenir la main à l'exécution de la présente Ordonnance, & de s'y conformer sans difficulté.

FAIT à Versailles le quinze décembre mil sept cent soixante-douze. *Signé* LOUIS. *Et plus bas*, MONTEYNARD.

A PARIS,
DE L'IMPRIMERIE ROYALE.

M. DCCLXXII.